# Gelnhausen in alten Ansichten

von
Gerhard Blumenröder

Europäische Bibliothek - Zaltbommel/Die Niederlande MCMLXXVI

**9789028831599**

*Dieses Buch wurde durch den grafischen Betrieb De Steigerpoort in Zaltbommel/Die Niederlande gedruckt.*

# EINLEITUNG

Die Arbeit, Gelnhausen in alten Ansichten darzustellen, brachte den Auftrag mit sich, das Augenmerk auf alle Veränderungen im Stadtbereich zu richten. So findet der geneigte Leser die Stadt in dem Anblick, wie er sich in den verschiedensten Teilen des heutigen politischen Gemeinwesens etwa zur Zeit der Großeltern darbot. Objekte und Straßenzüge, denen wenig Wandel widerfuhr, mußten aus Gründen der Raumnot unbelichtet bleiben.
Dazu bieten wir Gelnhausen nicht in der Enge der alten Gemarkung, sondern mit einem leichten Schritt weiter, vorbei an den mittelalterlichen Baudenkmälern, denen hinreichendes Schrifttum gewidmet ist, in den Grenzen von heute.
Das Unterfangen möge niemand tadeln; denn es ist uns ein Anliegen, allen Gelnhäusern den Gang der Erinnerungen zu stiften. Was hieße Gelnhausen, hätte Kaiser Friedrich Barbarossa nicht schon zu Anfang verfügt, aus drei dörflichen Wohnbezirken des königlichen Gerichts Gründau in der unmittelbaren Nähe von Pfalz und Vorburg eine Kaufmannssiedlung zu bilden? Das geschah gegen 1170. Im Jahre 1346 kam die Vorstadt Ziegelhaus an Gelnhausen und 1895 erhielt die Stadt Zuwachs durch die Übernahme der bis dahin selbstständigen Burggemeinde. Daß unsere Zeit in dieser Hinsicht nichts Neues bringt und kommunale Neugliederungen immer machbar gewesen sein müssen, ist belegt. Den Bürgern Gelnhausens, die nach den Zusammenschlüssen von 1970 an zur Barbarossastadt fanden, versuchten wir, in mancherlei Hinsicht gerecht zu werden.
Durch die Errichtung der Kasernen 1935/36 begünstigt, entstand zwischen Gelnhausen und dem heutigen Stadtteil Roth eine geschlossene Bebauung, lange bevor die Gemeinden politisch zusammenfanden. Der Siedlungswillen der Menschen unserer Tage nennt die gesamte Region von Gelnhausen eine große Gemeinschaftsaufgabe.
Fast alle topographischen Aussagen sind geläufig und bedürfen kaum einer weiteren Erläuterung im Vorspann. Nicht so ist das, wenn vom Gela-Sprudel oder vom Ruderclub Gela die Rede geht. Gela oder Geila — und fügen wir das Suffix 'hausen' hinzu, dann kommen wir an einen möglichen Ursprung des Namens Geilenhus, heute Gelnhausen. Gertrud, eine dem Stadtgründer verehrungswürdige Dame, klingt in der Koseform des Namens an. Gern kam die Zeit der Romantik auf eine Gründungssage zu sprechen und es entwickelten sich, einmal angeregt, Verbindungen mit Lokalitäten und Vereinen, die urkundlich keine Stütze hatten.
Den Lichtbildnern, Zeichnern und Verlegern der Zeit von 1880 bis 1930 gelang es, gewiß ohne Absicht, die Stadt in ihrer neuzeitlichen Entwicklung als einen lebendigen Mittelpunkt menschlicher Gemeinschaft zu überliefern. Als herber Verlust klingt das Bemühen

an, die Wohn- und Lebensqualität nahe bei den lebhaften Fernverbindungen Straße und Schiene mit einer dauerhaften Kureinrichtung zu heben.
Gelnhausen liegt im Süden des Vogelsbergs, der hier aus Zechstein und Buntsandstein aufgebaut wird. Wenn auch der Zechstein als Lieferant verschiedener heimischer Mineralwasser bekannt war, so reichte der Kohlensäure- und Mineralsalzgehalt des unterirdischen Wassers bei Gelnhausen nicht aus, um mit eigener Kraft und ausreichender Konzentration an die Oberfläche zu dringen. Die Entdeckung der Solquellen Gelnhausens war reiner Zufall. Beim Ausgraben des Fundaments für einen Pfeiler der Kinzigbrücke der Bebra-Hanauer Eisenbahn trat 1865 eine Solquelle zu Tage. Sie mußte zugeschüttet werden. Der kurhessische Staat ließ unter der Leitung eines Beamten des Biberer Bergwerks, Bergamtsassessor Lenz, an einer Stelle dicht bei der Brücke einige Zeit nachher Bohrungen anstellen, in deren Folge die Quelle erneut gefunden wurde.
Zwei Kristallisationspunkte des Gelnhäuser Lebens um die Jahrhundertwende werden sichtbar: die neuen Verkehrsformen, das Solbad. Beide kamen auf, als für Gelnhausen der alte einträgliche Erwerbszweig niederging, der Weinbau. Allein der Verkehr entwickelte sich günstig fort. Bad Gelnhausen wurde auf lange Sicht nie Wirklichkeit. In manchen Jahren sind bis zu 8 000 Bäder genommen worden. Noch im Jahre 1944 lief der Kurbetrieb. Bei Kriegsende lag er darnieder und die Einrichtungen fielen der Verwahrlosung anheim.
In die Zeit unserer Betrachtungen fällt das Aufblühen des Verwaltungsmittelpunktes Gelnhausen mit dem Neubau des Landratsamtes, das heute noch Sitz einer Hauptverwaltungsstelle des Großkreises Main-Kinzig ist. Die Schulstadt Gelnhausen erlebte die Anfänge weiterführender Lehranstalten.
Wie viele alte deutsche Handelszentren, so besaß auch Gelnhausen eine ansehnliche israelitische Kultusgemeinde. Die weitreichenden Verbindungen jüdischer Kaufleute sind für die Märkte Gelnhausens eine lebenswichtige Grundlage gewesen. Das Gelnhäuser Wirtschaftsleben beeinflußte darüber hinaus die Finanzkraft einer Dynastie von Großkaufleuten aus dem Hause Schöffer. Mit ihnen lebte der Geist des staufischen Fernhandels noch einmal auf. Sie waren in überseeischen Geschäften tätig und brachten, bar jeder staatlichen Zuwendung, aus eigener Kraft und Größe jenen Geist im Städtchen zum Tragen, der es bis in unsere Tage zu formen wußte, den Geist der Gründerzeit.
So mußte das Buch allem Laufe offen bleiben, um Zeugnis zu geben, vom Wandel der Welt, die wir lieben.

Bad Gelnhausen.
Gesamtansicht.

1. Gelnhausen in der Zeit von 1880 bis 1930 vorzustellen heißt, aus mehreren Gesichtern eines geschlossenen Gemeinwesens der Stauferzeit den Wesenszug zu erhellen, der für die fünfzig Jahre ein besonderes Anliegen war. Zweifellos ist das Bemühen der Bürgerschaft, einen Badeort einzurichten, nie vergessen worden. Mit Wehmut beklagen unsere Zeitgenossen, daß es mißlang. Im Zentrum der Stadt führte unweit der evangelischen Marienkirche seit dem Jahre 1839 wieder ein kleines katholisches Gotteshaus Menschen des römischen Glaubens zusammen. Die kleine Kirche auf dem Gelände der Deutschen Ordensherren besteht nicht mehr.

Gelnhausen. Ehem. Peterskirche.

2. Die dem heiligen Petrus geweihte Basilika aus der Gründungszeit der Stadt Gelnhausen hat die verschiedensten Eingriffe überstehen müssen. Nachdem 1832 die Türme und die Seitenchöre abgetragen worden waren, übernahm eine Manufaktur das Haus. Im Jahre 1932 erwarb die inzwischen ansehnlich gewachsene katholische Glaubensgemeinschaft das Gebäude von dem Zigarrenfabrikanten Mähler und ließ eine Pfarrkirche daraus erbauen. Wertvolle Architekturstücke blieben erhalten. Unser Lichtbild zeigt die Kirche noch im entweihten Zustand der neunziger Jahre des vorigen Jahrhunderts.

3. Um die Jahrhundertwende gab es erstmals Festlichkeiten, die der bescheidenen Kinderwelt Glanz verliehen. Die Becker-Schöffer'sche Stiftung des Kindergartens brachte das Kirschenfest mit sich. Der Rektor der Volksschule, Burmeister, hob das Schulfest aus der Taufe. Seit 1878 zogen bis zum Ausbruch des Ersten Weltkrieges in jedem Sommer einmal die Schulkinder mit Musikbegleitung auf den Waldflecken am 'Steinigen Weg'. 1935 lebte das Schulfest noch ein einziges Mal auf. Danach haben es die Gelnhäuser Vereine übernommen, Waldpartien auf dem legendären Schulfestplatz auszurichten.

4. Ein besonders eindrucksvolles Bild von der schnellebigen Zeit und den tiefgreifenden Veränderungen, die ein Gemeinwesen im Verlaufe weniger Generationen erfahren kann, bietet der Blick auf den Obermarkt. Der Rathaus-Altbau, im 14. Jahrhundert als Kaufhaus mit weiten Hallen errichtet, erinnert an die Tage, als im nahen Café Central nach Wiener Art Kaffee getrunken wurde und am Eingang zur Reusengasse der Wirt des traditionsreichen Schützen-Hofs zum Genuß des Gelnhäuser Weines einlud.

5. Dem Rathaus gegenüber beherrschte Generationen lang der Schulbetrieb den Obermarkt. Ganz besonders deutlich wurde das, als mit Ablauf des Monats März 1908 auf dem weiten Handelsplatz kein Vieh mehr feilgeboten wurde. Nun lärmten nur noch die Kinder, die auf dem Grund des früheren Franziskanerklosters zur Schule gingen. Seit 1838 bestand der marktseitige Bau der Bürgerschule. Dahinter entwickelte sich der Realschulbetrieb vom Jahre 1909 an und erlangte schon 1911 unter seinem Gründungsdirektor Professor Küchenthal den Rang eines Realprogymnasiums.

GELNHAUSEN  Untermarkt

Verlag Oscar Wettig, Gelnhausen.

6. Während der obere Markt vornehmlich dem Handel zu dienen hatte, scheint der Untermarkt einstmals zur Repräsentation angelegt gewesen zu sein. Die alten Patrizierhäuser, Gasthöfe und besonders das 1881 wieder freigelegte Prätorium, sprechen dafür. Es war unserer Zeit vorbehalten, die Parkraumnot des innerstädtischen Automobilverkehrs zu beheben und den Platz vollständig umzugestalten.

7. Reich war das alte Gelnhausen an Spitälern und Siechenhäusern. Die vielfältigen Ordensniederlassungen pflegten die Fürsorge gegenüber Armen und Kranken. Für die moderne Stadt mit dem Sitz der Kreisverwaltung und der Aussicht, ein anziehendes Heilbad zu werden, betrieb das städtische Bauamt am Ende des 19. Jahrhunderts die Errichtung des Krankenhauses in der Holzgasse. Der Neubau konnte am 1. März 1898 seiner Bestimmung übergeben werden und gewann in der Notzeit des Ersten Weltkrieges überregionale Bedeutung. Heute ist das ehemalige 'Städtische Krankenhaus' ein Ruheheim für betagte Bürger.

8. Das 'Haus Sondheimer' ließ der in Gelnhausen wirkende Notar Dr. Leo Sondheimer einst inmitten der Weinberge am 'Alten Graben' aufführen. Mit seinem Turm und den vielen Erkern war es ein fotogenes Schmuckstück; auf Postkarten ging es um die ganze Welt. Die politischen Ereignisse zwangen die Familie Sondheimer zur Aufgabe des Anwesens, das in kreiseigenen Besitz kam und als Entbindungsheim der nahen städtischen Krankenanstalt Mütter und Kleinkinder aufnahm. Im Jahre 1952 verlegte die Land- und Forstwirtschaftskammer die Landwirtschaftsschule Gelnhausen hierher, baute Unterkünfte und Klassenräume an.

9. Das Haus Stadtschreiberei 8 ist einmal ein bedeutender Amtssitz gewesen. Das Gebäude wurde als Niederlassung des Templerordens errichtet. Zu Anfang des 14. Jahrhunderts kam es in den Besitz des Franziskaner-Klosters. Mit der Einführung der Reformation gelangte es in weltlichen Besitz. Die Regierung des Kreises Gelnhausen residierte hier bis in das Jahr 1906. Das Landratsamt verzog damals in das neue Kreishaus an der Barbarossa-Straße. Nach dem Zweiten Weltkrieg erwarb die Kelterei Haas das baufällige Anwesen. Aus betrieblichen Gründen mußten Mauern und Tore niedergelegt werden.

10. Nachdem im Dezember 1905 der Kreistag des Landkreises Gelnhausen den Beschluß gefaßt hatte, ein neues Landratsamt zu errichten, erwarb er im Osten der Stadt an der Barbarossa-Straße das notwendige Gelände. Am 22. August 1907 wurde der neue Verwaltungsbau durch den damaligen Landrat Albert von Gröning dem öffentlichen Dienst übergeben. Eingreifende Maßnahmen des Umbaus, der Erweiterung, haben dem Haus viel von seiner stilgebundenen Geschlossenheit genommen.

11. Zumeist ist unsere Betrachtungsweise von der herben Feststellung beschlossen, daß Straßen verändert und Anwesen in der Bausubstanz geschmälert wurden. Wenn Holztor und Johanniterhaus vorgestellt werden, ist das anders. Das innere Holztor ist wie die anschließende Stadtmauer in jüngster Zeit in einen guten Erhaltungszustand gesetzt worden. Eine grundlegende Wiederherstellung gelang auch bei der giebelständigen Front des Johanniterhofs der ehemaligen Komturei Rüdigheim zu Gelnhausen. Beide Objekte geben der Holzgasse, die hinausführt in den Büdinger Wald, noch immer märchenhaften Glanz.

Gelnhausen  Holztor und Johanniterhaus

12. Die Türme der alten Reichsstadt Gelnhausen haben die Zeit der Fliegerbomben und Kanonaden erstaunlich gut überstanden. Die örtlichen Sanierungsmaßnahmen, die den Massenverkehr unserer Zeit bewältigen halfen, forderten Raum. So entstanden Straßenfluchten und Parkplätze neu – zu Lasten der bebauten Fläche. Dort, wo die Seestraße auf den Steinweg stößt, stand in unmittelbarer Nähe des Ziegeltores ein Fachwerkbau, der abgerissen wurde. Auch Rindergespanne gibt es heute in der Innenstadt nicht mehr.

13. Ein markanter Punkt in Alt-Gelnhausen war das Haus Düring, früher Buch-, Papier- und Schreibmaterialienhandlung Janda & Cnyrim. Heute: Kaisers Kaffee-Geschäft, Schmidtgasse 2. Auf dem Dach befand sich ein Storchennest. Philipp Gönner (1879-1954), Zeichen- und Naturkundelehrer an der Realschule zu Gelnhausen, hielt neben anderen auch diesen schönen Winkel der Kreisstadt im Bilde fest. Als ein Storch abgeschossen wurde, haben die Adebars Gelnhausen nach dem Kriegsjahr 1945 nicht mehr aufgesucht. Das Nest verfiel im Laufe der Zeit.

14. Ein Blick von der Kees'schen Mühle die Schmidtgasse hinauf läßt die starke Hanglage Gelnhausens deutlich erkennbar werden. Das alte Kopfsteinpflaster ist nicht mehr und es gibt nur wenige Kaufhäuser in der belebten Geschäftsstraße, die heute ohne ein völlig neues Gewand repräsentieren.

15. Der Fürstenhof war einst, wie der Name sagt, die Versammlungsstätte der Kurfürsten des Reiches. Im Ostbau mit dem alten Hauptsaal saß 1549 der Burggraf und Amtmann Johann Ryprecht von Büdingen. Im Jahre 1683 begründete Pfalzgraf Johann Karl von Birkenfeld die Linie Gelnhausen und erwarb den Fürstenhof. Mit dem Umzug der Kreisverwaltung von Meerholz nach Gelnhausen im Jahre 1822, erhielt die kurfürstliche Justizverwaltung, das spätere Amtsgericht Gelnhausen, hier den Amtssitz eingerichtet. Bezirkskonservator Bickel schrieb 1901, daß die hohe Spitze des Treppenturmes abgetragen worden ist.

16. Einstmals ging des Reiches Straße von Frankfurt nach Leipzig durch die Stadt Gelnhausen, indem sie den oberen Markt schnitt, wo den Fernhandelskaufleuten die Pflicht zum Stapeln und Feilhalten der Waren auferlegt war. Der Verkehr wuchs. Die engen Straßenzüge der Innenstadt machten den Bau einer Umgehung notwendig. Von der Schmidtgasse bis zur Röther Gasse wurde ab 1838 eine Umgehungsstraße angelegt. Diese sogenannte Neue Straße hat in der Höhe des 'Platzes' im Zweiten Weltkrieg erheblich gelitten.

17. Dort, wo heute die Philipp-Reis-Straße auf die Berliner Straße trifft, lehnten sich zur Zeit unserer Großeltern bewohnte Häuser an die Stadtmauer an. Dort befand sich das letzte gotische Hoftor Gelnhausens vor dem Hainaer Hof. Die Verkehrsverhältnisse leiteten 1962 eine Umgestaltung des alten Straßenzuges entlang der Stadtmauer ein. Im Bilde links steht noch das Wohngebäude Froschhäuser, das um diese Zeit abgerissen wurde. Der verborgene Wehrgang blieb durch Bürgerinitiative als Denkmal erhalten.

18. Gelnhausens alte Westpassage ist die Röther Gasse. Jahrhunderte hindurch ratterten die Pferdewagen über das Pflaster – von und nach Frankfurt. Dort, wo die Langgasse endet und die Röther Gasse aus der Stadt hinausführt, hing 1889 eine der ersten elektrischen Lampen Gelnhausens. Die Mauern der mittelalterlichen Spitalkirche reichen weiter in die Gasse als die der übrigen Häuser. Zum Jahresende 1895 bezog der seit 1864 bestehende 'Vorschußverein Gelnhausen' hier nach baulicher Umwidmung sein erstes Geschäftslokal.

19. Durch das äußere Röthertor gelangte der Reisende von Gelnhausen kommend in das Dörfchen Roth. Weil aber im Jahre 1825 während der Heuernte ein Fuhrmann mit dem Gespann das Tor verstopfte, als der Kurfürst von Hessen durch Gelnhausen kam, erging 1834 die Anweisung, die Bastion niederzulegen. Allein das Vorwerk mit dem Wachthaus blieb damals verschont. Das kleine Anwesen 'Im Hoffnungsgarten' wie die Gelnhäuser und Gäste der nahen Wirtschaft 'Zur Hoffnung' sich erinnerten, bewohnte um 1900 die Hesselbachs Lene. Der Taglohn, der sie mit Mistbuttentragen und 'Schubkarrnscherchen' ernährte, trug ihr im Alter noch den Ruf des Stadtoriginals ein.

20. Die Alte Leipziger Straße, die Verbindung früherer Handelsplätze, beginnt am Haitzer Tor. Der wehrhafte Turm wird zur Befestigungsanlage des 14. Jahrhunderts gezählt. Das stadtseitig erkennbare Portal ist eine Arbeit der Renaissance. Französische Militärs ließen 1813 das Haitzer Tor aus dem Verbund der Stadtmauer brechen, als in dem engen Durchlaß von 3,6 Metern ein Unglück geschah. Im Jahre 1840 wurde der Turm abgetragen. Den Rest, als Wohnung belassen, reihte Dr. Bickel 1894 in seine Lichtbilder der Bau- und Kunstdenkmäler des Kreises Gelnhausen ein.

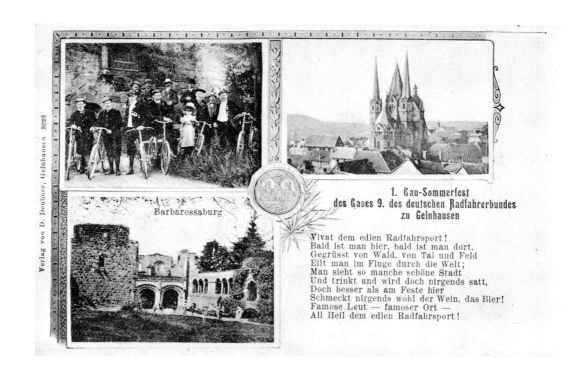

21. Früher gab es in Gelnhausen den 'Radfahrerclub Barbarossa'. Die Bannerweihe zog im Juni 1903 viele Menschen in die Stadt. Vom 27. bis zum 29. Juni richtete der Club zu diesem Anlaß das Gausommerfest des Gaues 9 im Deutschen Radfahrerbund aus. Wettfahrten, Musterriegenfahrten, Meisterschaften sind ausgetragen worden. Ein großangelegtes Volksfest begeisterte die Bevölkerung.

22. Der 'Radfahrerclub Barbarossa' sah eine 'festliche Preis-Vertheilung' am Montag, 29. Juni 1903, vor. In der Brauerei Michel, Untere Haitzer Gasse, hielt das Preisgericht seine Sitzungen ab. Hier ist zu dieser Zeit noch echtes Gelnhäuser Bier gebraut und verzapft worden. Dem Erben Josef Michel (im Fenster mit dunkler Weste und Krug) gelang es nicht, das Gewerbe zu einem zeitgemäßen Großbetrieb zu entwickeln. Die baulichen Reste, heute eine Gastwirtschaft, heißen im Andenken 'Zum Brauhaus'.

23. Eine Karte aus dem Linick'schen Verlag erinnert an den Johannesturm. Er wurde noch vor 1910 von dem in Gelnhausen lebenden Frankfurter Fabrikanten Johannes Höhner in Auftrag gegeben. Höhner bemühte sich, den Anstrengungen der Bürgerschaft nachzukommen und Bad Gelnhausen eine weitere Attraktion zu schenken. Er wählte die Weinbergsmauern des eigenen Anwesens an beherrschender Stelle auf der Heinrichshöhe, wo die Sicht in den Spessart und bis Frankfurt begeistern konnte. Hier oben hatte bereits der unvergessene Bürgermeister Heinrich Cassebeer, der in der kommunalen Selbstverwaltung ab 1814 tätig war, Ödland kultivieren lassen und Kastanienhaine angelegt. Der Johannesturm mußte 1936 wegen Baufälligkeit abgetragen werden.

24. Lange bevor Gelnhausen im Jahre 1936 Garnisonstadt wurde, hatten verschiedene Regimenter hier Privatquartiere bezogen. 1915 lagen Teile des Infanterie Regiments 81 in der Stadt. Viele Bürger erinnern sich noch an das Brandenburgische Fußartillerie Regiment 3, das 1919 Gelnhausen sowie die Ortsteile Hailer, Meerholz und Roth verließ. Eine besondere Herzlichkeit wandten die Bürger für die '81er' auf, die am 29. September 1915 von Gelnhausen weg und ins Feld zogen.

GELNHAUSEN. Brentanostraße mit Post

25. Nachdem die Zersiedelung des Ghettos der alten Reichsstadt die Bezeichnung Judengasse in Zweifel stellte, bot sich eine Umbenennung an: Brentano-Straße heißt das frühere Judenviertel seit 1906 – zu Ehren des Dichters, der sein bezauberndes Märchen 'Gockel, Hinkel und Gackeleia' in den heimischen Wäldern zwischen Hof Trages und Gelnhausen spielen ließ. An der Ecke zur Kuhgasse errichtete die Stadt Gelnhausen im Jahre 1883 aus zwei aufgelassenen Anwesen das Postamt und vermietete es an die Reichspost. Inzwischen hat es die Postverwaltung erworben und mehrmals baulich erweitert.

Inneres der Synagoge zu Gelnhausen. (Erbaut 1734).

Zur Erinnerung an die
**200-jährige Jubiläums-Feier**
der Vereine Gemiluth Chasodim u. Kabronim
in Gelnhausen am 25. Juni 1911.

26. Als besonders anziehend galten bei jüdischen Neubürgern Schule, Frauenbad und Synagoge, die baulich stilvoll aneinanderlehnten. Die Einrichtungen waren der Mittelpunkt der alten Kultusgemeinde. In der Synagoge selbst legte die heilige Ostwand mit dem barocken Thoraschrein Zeugnis von einer bedeutenden Thoraschule ab, die auf mittelalterlichen Traditionen wurzelte. Zwei Beerdigungsbruderschaften blickten 1911 auf eine zweihundertjährige Vergangenheit zurück. Bis zum Monat August des Jahres 1938 fanden in der Synagoge Gottesdienste statt. Ein Notverkauf schmälerte die Bausubstanz der Anlage erheblich.

27. Ebenso, wie Juden aus dem ehemaligen Ghetto in die Weite der Stadt verzogen, ließen sich Gelnhäuser Privat- und Geschäftsleute des christlichen Bekenntnisses um 1900 in der Judengasse nieder. Hier ist die Firma Jean Christanz zu nennen, die 1917 von dem Obermüller Barzel das Haus Brentano-Straße 301, heute Nummer 3, erwarb. Barzel hatte das Gebäude 1898 von Samson Goldschmidt übernommen. Im Bilde erkennen wir das Firmenschild der benachbarten Druckerei M. Linick. Im Linick'schen Verlag erschienen einst die 'Gelnhäuser Nachrichten'. Während die Firma Christanz noch heute besteht, starben die Inhaber der Firma Linick während der nationalsozialistischen Herrschaft.

28. Der Großkaufmann und Fabrikant Ludwig Wilhelm Schöffer (1831-1904) lebte vom Jahre 1875 an mit seiner Ehefrau Julie geborene Haase und den drei Kindern ständig in Gelnhausen. Im Kaffeehandel tätig, begründete er im Jahre 1855 in Rotterdam ein eigenes Kommissionshaus, erlangte 1866 die niederländischen Staatsbürgerrechte, nachdem er 1862 bereits zum Mitglied der Handelskammer Rotterdam gewählt worden war. Das Lichtbild der Eheleute Schöffer in Gelnhäuser Tracht entstand im Jahre 1900 in der Villa Witu.

29. Im Jahre 1883 lernte Ludwig Wilhelm Schöffer den zaristischen Korvettenkapitän außer Dienst Achilles de Khotinsky kennen. Schöffer erkannte in dem Seemann den rastlosen Erfinder. Sie schufen gemeinsam Elektroindustrieanlagen. Ein Werk entstand in Gelnhausen. 1888 nahm es den Betrieb auf. In der Nacht vom 2. zum 3. Dezember 1891 brannte es nieder. Mit dem Brandschutt gelangten Vorräte an Platindrähten in eine Untiefe bei der Hailerer Straße. Auf der Schutthalde vergab die 'Platin-Ausbeute GmbH 1922' in der Inflationszeit Schürfrechte. Selbst aus Nordamerika meldeten sich Spekulanten in Unkenntnis der Sachlage.

30. Im Jahre 1891 brannten De Khotinsky, Schöffer & Co. zu Gelnhausen bis auf die Grundmauern nieder. Ein Jahr später gründeten Ludwig Wilhelm Schöffer und Sohn Willy die Electricitäts-Gesellschaft Gelnhausen mbH. Nachdem der Erfinder de Khotinsky nach Boston ausgewandert, Chefchemiker Dr. Fremery und Oberingenieur Urban zur Konkurrenz gegangen waren, standen die Schöffers mit dem Techniker Elstner alleine in der Firmenleitung. Zum Wohle der nahezu zweihundert Beschäftigten wurde, mit bescheidenen Gewinnen, noch Jahre lang weitergewirtschaftet, während der Seniorchef wieder im Kaffeehandel ein Vermögen erwarb.

31. Großkaufmann Konrad Heinrich Schöffer (1815-1878), Wahlkonsul der Stadt Frankfurt/Main in Amsterdam und Mitglied der Staatlichen Niederländischen Handelsmaatschappy, kehrte 1862 als vermögender Mann heim. Vom Wohnsitz der Mutter, Langgasse 17 aus, begann er Am goldenen Fuß Flurstück um Flurstück zu erwerben. Viele Weinbauern wanderten, schlechter Erträge wegen, in die aufkommenden Industrieen ab. Am goldenen Fuß errichtete Konrad Heinrich Schöffer die 'Weiße Villa', auch 'Villa zum goldenen Fuß' genannt, die seine Familie 1865 bezog. Von hier aus wird inzwischen der Verband Evangelisch-weiblicher Jugend Deutschlands, Burckhardthaus e.V., geleitet.

32. Konsul Konrad Heinrich Schöffer ehelichte im Jahre 1838 Dorothea Katharina Hofmann. Die Frau entstammte einer im Kolonialwarenhandel international tätigen Familie. Schöffer wurde Teilhaber der Niederlassung in Amsterdam. Zu Ehren seiner Gattin ließ Konrad Heinrich Schöffer hoch über der 'Villa am goldenen Fuß' im ehemaligen Wingert 'Das Schloß' ein festes Gartenhaus im nachvollzogenen klassizistischen Stile erbauen. 'Dorotheenhöhe' nannte er den Flecken. Seit der Inflationszeit von 1923, als Teile des Schöffer'schen Besitzes an die Stadt Gelnhausen gelangten, dient das Schlößchen als Café den Gästen von nah und fern.

33. Alle Arbeiten für die weitflächigen Unternehmungen in der Stadt vergaben die Schöffers an Gelnhäuser Handwerker. Hieraus erwuchsen Arbeit und Verdienst und die Gelegenheit, überkommene Kunstfertigkeit zu zeigen. Zur Förderung und Verschönerung seiner Vaterstadt wandte besonders Konrad Heinrich Schöffer erhebliche Barmittel auf. Er erwarb auch das Gelände des ehemaligen heiligen Grabes (verkauft, abgetragen, heute bei Bad Homburg vor der Höhe stehend), schenkte es der Stadt zur Errichtung der landwirtschaftlichen Winterschule. Heute sind hier die Grimmelshausen-Bücherei und das Heimatmuseum untergebracht.

34. Konsul Carl Wilhelm Ferdinand Becker (1821-1897), Ehrenbürger der Stadt Gelnhausen, war eine Persönlichkeit, der Gelnhausen viel zu danken hat. Er kam in Offenbach am Main zur Welt, erlernte in dem Frankfurter Seidenhaus Bernard Kaufmann und trat nach beendigter Ausbildung in das Amsterdamer Bankhaus Sichel als Commis ein. Fleiß und Ideenreichtum zeichneten ihn aus. Er erlangte die Stellung eines Vorstandsmitgliedes der Bank. Im Jahre 1856 ehelichte er Julie, eine Tochter Konrad Heinrich Schöffers, der in Amsterdam erfolgreiche Geschäftsabschlüsse tätigte. Konsul Carl Becker wurde 1871 Miteigentümer am Besitz seines Schwiegervaters, an der Gelnhäuser 'Villa am goldenen Fuß'.

35. Während Dr. Ludwig Bickel als Bezirkskonservator die Gelnhäuser Bau- und Kunstdenkmäler betreute, erlebte er im Jahre 1881 etwas ganz Besonderes. Aus der Häuserfront im Norden des Untermarktes wurde ein Fachwerkbau entfernt. Hinter dem Abbruch kam ein romanisches Haus, völlig aus Stein gearbeitet, zum Vorschein. Die Forschungen Dr. Bickels brachten folgenden Aufschluß: Das Gebäude ist der im Stadtbuch 1370, im Zinsregister 1426 als 'pretorium' bezeichnete Amtssitz des kaiserlichen villicus und später des pfandherrlichen scultetus. Konsul Carl Becker erwarb das Haus 1883 und trug die Instandsetzungskosten.

36. Eine Ansicht vom Eingang in das Ziegelhaus läßt genau die Engstelle erkennen, an der einst das Haßlauer Tor stand. Der Name der Vorstadt Ziegelhaus geht auf mittelalterliche Ziegler und Töpfer zurück. Das Ziegelhaus gehörte einst zum Haßlauer Gericht. Im Jahre 1346 vereinigte Kaiser Ludwig der Bayer Gelnhausen mit dem nahen Ziegelhaus. Der Herrschaft Hanau war der Verlust noch im August 1702 Anlaß zur Verwüstung der Vorstadt. Eine Idee, die schon in den Gründerjahren anklang, das Ziegelhaus als Gelnhausens Einkaufszentrum zu entwickeln, wurde in jüngster Zeit Wirklichkeit.

37. Die Baumeister der Stauferzeit sorgten für eine Belebung der Nord-Süd-Tangente zwischen Reffenstraße im Büdinger Wald und Birkenhainer Weg im Spessart. Mit Brücken ergänzten sie die Furt bei Gelnhausen. Der Fluß, der hier in zwei Armen floß, gebot zwei Brückenkonstruktionen. Vom Ziegelhaus zum Werder entstand eine Holzbrücke. Vom Werder zum Stadttor erhob sich die Hohe Brücke von Stein. Unter ihr fuhren Kähne auf der bis Gelnhausen schiffbaren Kinzig hindurch. Vor der Jahrhundertwende war die Hohe Brücke eingelandet und die hölzerne durch eine eiserne ersetzt worden.

38. Zum Ziegelhaus gehörte das Anwesen Schrecke. Es stand sehr tief im feuchten Schwemmland bei der Furt und war einstmals eine Färberei, die das nahe Wasser der Kinzig in den Arbeitsablauf mit einbezog. Nach dem Dreißigjährigen Kriege erhielt das Gebäude mit einem Mansarddach einen weiträumigen Trockenboden. Um 1900 hatte der Ruderclub 'Gela' das Erdgeschoß als Bootsmagazin und -reparaturstätte gepachtet. Die eiserne Brücke von 1864 sprengten deutsche Pioniere zum Kriegsende 1945. Das nahe Schrecke'sche Anwesen litt erheblich und wich alsbald einem Kaufhausneubau.

39. Mit der Einweihung des Bahnhofsempfangsgebäudes von Gelnhausen im Jahre 1883 verlagerte sich der Verkehr auf Landstraßen immer rascher zur Schiene. Die Vorstadt Ziegelhaus mit den Gleisverbindungen von nah und fern wurde dadurch sehr belebt. Mit den Häuserzeilen von Bahnhofstraße und Ziegelhaus im Rücken, bot sich den Reisenden vor der Kinzig eine Gesamtansicht der Kreisstadt. Damals ist es noch möglich gewesen, in der Kinzig zu baden, die heute stark verunreinigt fließt.

40. Was der Gelnhäuser Steinweg nennt, ist eine Pflasterdecke gewesen, wie sie nach 1864 über die verlandete Hohe Brücke gelegt worden ist. Zwischen der eisernen Brücke und der Neuen Straße bestanden noch vor Beginn unseres Jahrhunderts zwei Mühlen. Die kleinere Hühn'sche oder Inselmühle erwarb im Jahre 1889 der Müller Georg Friedrich Kees, der die nahe Stadtmühle besaß. Während er die Inselmühle stillegte, entwickelte er die 'Keesemill' zu einem Großbetrieb. Über dem breiten Kinzigarm, dem Mühlgraben, erhob sich der stattliche Mühlenbau mit hohem, weithin sichtbarem Schornstein im Zentrum der Stadt.

41. Ein Bild des Friedens: der Gelnhäuser Steinweg im Mittagssonnenschein. Die Bebauung rechts und links des Wegs ist noch dürftig. Das Bild beherrschen Ziegel(haus)tor und Marienkirche. Der schlanke Südturm Sankt Mariens trägt den gewundenen Turmhelm, eine barocke Kuriosität, die bei der umfassenden Kirchenerneuerung von 1876/79 aus Sicherheitsgründen abgetragen werden mußte. Es handelt sich um eine sehr frühe Bildwiedergabe. Auf Teile der ehemaligen Hohen Brücke laufen Flutgräben zu und das Mühlwasser besitzt noch kein begradigtes Bett.

42. Dort, wo heute im Herzen der Stadt die Geschäftsräume der Kreissparkasse zu finden sind, bestand bis zum Großbrand in der Nacht vom 30. zum 31. Oktober 1919 die Mühle der seit Generationen im Müllerberuf nachweisbaren Familie Kees. Nach dem Ableben des letzten Müllers, Georg Friedrich Kees, im Jahre 1907, griff die Kreisverwaltung während des Ersten Weltkrieges regulierend in den Betrieb ein, um von hier aus die Versorgung der Kreisbevölkerung mit Mehl sicherzustellen. Als die Kreismühle ging das Versorgungsunternehmen in die Geschichte des Altkreises Gelnhausen ein.

43. Durch den günstigen Quellhorizont des Geländes, besaß fast jede alte Hausstelle der Innenstadt ihren eigenen Brunnen. Hinzu kamen sehr rege öffentliche Bornkammern, die alle bis 1886 gebraucht worden sind. Nach dem Bau der städtischen Wasserleitung hob eine elektrische Pumpe das Wasser vom Schützengraben in den Hochbehälter an der Dürichshohl. Der Hochbehälter wurde von 1896 bis 1897 unter der Regie von Baurat Johann Metzler (im Bild mit Zeichnung) errichtet.

44. Hoch über Gelnhausen ließ im Jahre 1901 der Schuhmacher Wilhelm Georges die Waldschenke 'Zum Blockhaus' nach den Plänen von Zimmermeister J.H. Frey erstellen. Das Lokal entwickelte sich zu einem beliebten Ausflugsziel, das 1967 einem größeren Neubau weichen mußte. Einstmals hatte Wilhelm Georges den Ausschank auf dem Schießstand besorgt. Als das Schützenhaus 1899 niederbrannte, sannen Schützenbrüder und Jagdgenossen auf Ersatz. Vom Pioniergeist angetan, den die Ehefrau von Nordamerika mit nach Deutschland zurückgebracht hatte, ging die Familie Georges an die Bewirtschaftung des Anwesens, das sie ab 1904 ständig bewohnte. Im Ersten Weltkrieg bot das Blockhaus den Verwundeten aus dem Städtischen Krankenhaus Freude und Erholung.

45. Die Burgstraße im Stadtteil bei der Pfalzruine konnte während des Hochwassers von 1924 in Kähnen befahren werden. Vor der Wirtschaft 'Zum Kaiser Barbarossa', die Jakob Rosenthal am 1. Januar 1868 eröffnete, verwandelten aufgeregte Kinzigflutwellen den großen Platz zu einem See. Das ehemalige Rathaus der Burg im Hintergrund besitzt noch seinen Glockenturm.

46. Der 24. Kurhessische Feuerwehrtag brachte Gelnhausen im Jahre 1929 viele Gäste und einen festlichen Umzug. Die Freiwillige Feuerwehr der Barbarossastadt blickte damals auf sechzig Jahre ihres Bestehens zurück. Vom 27. bis zum 29. Juli wurde gefeiert. Im Bild bewegt sich der Festzug durch die Neue Straße.

47. Die Straße von Gelnhausen nach Frankfurt am Main lag bis um das Jahr 1830 mitten im Orte Roth. Die Verlegung der Fernverbindung aus der dörflichen Enge gelang nach Übereinkunft der Gräflich Meerholzischen Kanzley mit dem Civil-Senath des Kurfürstlichen Obergerichts in Hanau. Der Gastwirt Johannes Klostermann und seine Ehefrau, beide ließen sogleich ein geräumiges Fachwerkhaus an der Umgehungsstraße errichten und nannten es nach dem häufigsten Ausspann eine Herberge 'Zur Post'. Als 'Restauration zur Post' empfahl es sich um 1930 unter dem Nachkommen Friedrich Klostermann.

48. Die alte Schule zu Roth, von 1840 bis 1911 vom Lärm der heranwachsenden Generationen erfüllt, hat als Lehranstalt längst ausgedient. Nach dieser Zeit ist sie bis 1930 als Wohnung des örtlichen Lehrers verwendet worden. Bei Renovierungsarbeiten entfielen nach und nach der kleine Glockenturm und die Uhr. Gemütlich plätschernd erzählt der Laufbrunnen aus der verflossenen Zeit dörflicher Wasserversorgung. Wie einfach war es, fast ein Spiel, den Durst zu löschen...

49. Unter dem Röther Bürgermeister Wilhelm Köhler gelang 1928/29 die Installation einer modernen Wasserleitung. Damit wurde das Ende der Laufbrunnen absehbar. Fünf Brunnenstöcke, in Holz gearbeitet, mit unterirdischen Zulaufröhren aus dem Verbund etwa drei Meter langer Kiefernstämme, besaß dereinst die Brunnenstraße. Für den Ablauf, der ständig notwendig war, wies die Straße in ihrer Mitte eine Rinne auf. Zur Winterszeit wuchsen um die Laufbrunnen bizarre Gebilde aus Schollen von Eis.

50. Schon im Grenzritt des Goswin von Ortenberg, der um 1170 das Gebiet der Reichsstadt aus dem Büdinger Wald und dessen Anteil des Märkergerichts Gründau herausnahm, wird Haitz erwähnt. Gelnhausen-Haitz, ein Stadtteil, der nicht erst seit dem Jahre 1970, mit dem Festakt zur kommunalen Neugliederung, sein ländliches Wesen verlor. Längst gehörte das eigenwirtschaftliche Hofleben des Ackermannes der Vergangenheit an. Auf dem Anwesen Konrad Nix blieb ein früherer Sommertag im Bild erhalten. Im Hintergrund erhebt sich das Langhaus der einstigen Haitzer Mühle.

51. Die Quellfassung des Sandborns ließ das alte Grenzwasser zwischen Gelnhausen und Haitz nahezu verlanden. Ein schmales Rinnsal blieb, im Stadtbereich durch Rohre gebändigt. Etliche alte Anwesen der Dorfstraße künden mit hohen, steilen Stufen noch immer von der bedrohlichen Flut des Würgebachs, der oft zur Haitzerau hin das Siedelland überschwemmte. Das ehemalige Haus des Schmiedes Joh war den Naturgewalten angepaßt.

52. Jahrhunderte hindurch lag der Haitzer Totenhof bei der Godobertuskapelle zu Gelnhausen. Wenngleich die Haitzer Bürger im Jahre 1909 die evangelische Dankeskirche einweihen konnten, ließ die Erhebung zur selbstständigen Kirchengemeinde noch fünfzig Jahre auf sich warten. Dankeskirche und Friedhof in Gelnhausen-Haitz sind inzwischen durch städtebauliche Maßnahmen dem Siedlungswillen der Bürger unserer Tage angepaßt worden. Im Innern blieb die Kirche ein Kleinod des Jugendstils.

53. Das Geläut-Haus von Hailer, nach einer Zeichnung der Gräfin Thekla zu Ysenburg und Büdingen aus dem Jahre 1930, erzählt von der winkeligen Romantik im früheren Kinzigtal. Im 'Läuthäusi', wie die Hailerer ihr altes Kapellchen nennen, finden seit Jahrzehnten keine Gottesdienste mehr statt. Lange Zeit bestand die Umwidmung zur dörflichen Kelter mit dem Spritzenhaus der örtlichen Feuerwehr. Die Inschrift des Glöckchens im Turm, das noch heute ertönt, wenn ein Erdenbürger zur letzten Ruhe geleitet wird, beginnt mit dem Bericht: 'Johannes Georg Bach, in Windecken goß mich, 1793...'

54. Der weltbekannte Assyriologe Professor Hermann Hilprecht, wohnte auf Empfehlung des gräflichen Hauses Ysenburg in Hailer, Gelnhäuser Straße 114. Von 1888 bis 1900 leitete er die Expedition der Universität Pensylvanien nach Nippur. Er fand die aufschlußreiche Tempelbibliothek mit mehr als 50 000 Tontafeln. Das Erinnerungsfoto vom fünfzigsten Geburtstag 1909 zeigt Professor Hilprecht unter a; mit b ist seine Gattin, mit c ein italienischer Sprachlehrer, mit d und f sind die Komtessen zu Ysenburg und mit e ist ein nordamerikanischer Verwandter der Ehefrau bezeichnet.

55. Wenngleich der Flecken Meerholz für viele Jahrhunderte im Schatten seines Klosters lag, so war nach dem Zeugnis einer mittelalterlichen Federzeichnung doch schon früh mit der Ummauerung begonnen worden. Steinerner Zeuge des befestigten Ortes ist noch heute der Wehrturm neben dem Heimatmuseum, das vielen Generationen als Rathaus gedient hatte. Der Turmhelm zierte einst das Gemeindewappen.

56. Das Schloß Meerholz wird in seiner Anlage auf ein Prämonstratenser-Frauenstift zurückgeführt. Die letzte Meisterin, Anna von Muschenheim, legte im Jahre 1554 ihr Ordenskleid ab und überließ das Kloster, gegen Zahlung einer Pension, dem Grafen Anton von Ysenburg. Schon 1566 ließ Graf Georg von Ysenburg das Schloß errichten. Georg gründete das Gericht Meerholz. Das Gericht wurde nach der Erbteilung von 1687 Sitz der Linie Ysenburg und Büdingen in Meerholz. Die Grafen residierten bis 1929.

57. Mit Liebe umsorgten die Standesherren zu Ysenburg und Büdingen in Meerholz den artenreichen Baumbestand ihres Schloßgartens. Das Anwesen erhebt sich eindrucksvoll vor dem Meerholzer Hausberg, dem Heiligenkopf. Ab 1930 wurde der weite Garten nicht mehr von Gärtnerhand gepflegt, sondern im Wuchs der Natur überlassen. Nach dem Zweiten Weltkrieg erwarb die Stadt Frankfurt am Main das Meerholzer Schloß. Das Kulturdezernat richtete zunächst ein Schullandheim darin ein. Das große Anwesen ist heute als Pflegeheim der Inneren Mission bekannt.

Schloßkirche　　　Meerholz　　　Gartensalon

58. Ereignisse, die noch heute aufhorchen lassen, trugen sich in der Schloßkirche und im Gartensalon von Meerholz zu. Aus der Klosterkapelle des Prämonstratenserordens war nach Umbaumaßnahmen das gräfliche Gotteshaus entstanden, das im Jahre 1744 den lutherischen Gemeinden Hailer und Meerholz zur Benutzung überlassen wurde. Im April 1804 ließen sich hier der Rechtsgelehrte Friedrich Carl von Savigny und Kunigunde von Brentano trauen. Professor von Savigny widmete fast ein halbes Jahrhundert rastloser Arbeit dem kommenden einheitlichen Gesetzbuch des deutschen Volkes, das im Jahre 1900 in Kraft treten konnte.

59. Gartensalon und Schloßkirche Meerholz sahen auch im 20. Jahrhundert eine besonders beachtete Hochzeitsgesellschaft. Im Oktober 1906 vermählten sich Prinz Albert zu Schleswig-Holstein-Sonderburg-Glücksburg und Komteß Ortrud von Ysenburg auf Meerholzer Boden. Da der Bruder des Prinzen ein Schwager des Deutschen Kaisers Wilhelm II. war, kamen kaiserliche Hoheiten zum Fest. Gelnhausens Bürger erlebten aufregende Stunden.

Erinnerung an die Hochzeit
Seiner Hoheit des Prinzen ALBERT zu Schleswig-Holstein-Sonderburg-Glücksburg
mit der Gräfin ORTRUD zu Ysenburg und Büdingen
in Meerholz am 14. Oktober 1906
in Gegenwart Seiner Majestät Kaiser Wilhelm II.
und vieler anderer hoher Gäste.

Gelnhausen  Marienkirche

60. Die Hochzeit in Meerholz war für den Deutschen Kaiser Wilhelm II. der Anlaß, Gelnhausen – seinen Bürgern und Bauten – einen Besuch abzustatten. Bevor er mit seinem Gefolge gegen zwei Uhr nachmittags in Kraftfahrzeugen gen Meerholz reiste, besuchte er am Morgen die Marienkirche. Herr Metropolitan Schaefer, dem hohen Gast seit der gemeinsamen Gymnasialzeit in Kassel verbunden, hielt den Gottesdienst. Eine Ansicht von der Kirche, gekrönt mit kaiserlichen Hoheitszeichen, kündet noch heute von Gelnhausens Ehrentag, dem 14. Oktober 1906.

61. Am 23. August 1885 erlebte die Bürgerschaft Gelnhausens die feierliche Enthüllung eines Denkmals für Philipp Reis. Das Telefon war bis 1906 zu einer epochemachenden Einrichtung gereift – Stadt und Staat ehrten den Mann, der mit seiner Experimentierkunst der Menschheit eine große Erfindung geschenkt hatte. Die Anlage des Denkmals hat das bundesdeutsche Nachkriegswunder und die allgemeine Volksverkraftung nicht überstanden.

62. Seine Hoheit, Wilhelm II., Deutscher Kaiser und König von Preußen, besuchte am 14. Oktober 1906 die Reste der staufischen Pfalzanlage in Gelnhausen. Der Weg von der Straße zum Burgtor war mit Girlanden geschmückt. Gegen 11.30 Uhr fuhren der Kaiser und sein Gefolge in Automobilen zum Ortsteil Burg. Der Bezirkskonservator Professor von Drach-Marburg und der Kreisbauinspektor Michael-Gelnhausen, sie führten den Monarchen. Nach etwa viertelstündiger Besichtigung ließ sich der Kaiser zum Bahnhof fahren. Er speiste in seinem Salonwagen und reiste per Auto kurz vor 14 Uhr durch das festlich geschmückte Hailer nach Meerholz.

63. Das Palais Meerholz ist als Witwen- und Altensitz des im Jahre 1929 im Mannesstamm erloschenen Grafengeschlechts von Ysenburg und Büdingen in Meerholz überliefert. Hier wohnte die letzte Gräfin, Thekla zu Ysenburg, an ihrem Lebensabend, schuf Prosa, Lyrik und grafische Kunst. Seine Erlaucht, Nikolaus Graf von Luckner, ein Vetter des berühmten Seeteufels, fand 1945 mit der Familie im Palais die zweite Heimat. Im Jahre 1964 erwarb die Gemeinde Meerholz das Palais und brachte es 1970 in die Stadt Gelnhausen ein.

64. Der Gelnhäuser Bahnhof war Jahrzehnte lang ein Umschlagplatz für Erze. Von den Bieberer Eisensteingruben beförderte seit dem Jahre 1885 eine schmalspurige Zechenbahn Manganerze nach Gelnhausen. Hier mußte das Fördergut auf die Güterwagen mit Normalspur der Bebra-Hanauer Eisenbahn umgeladen werden. Die zweiundzwanzig Kilometer lange Spessartbahnlinie hatte eine Spurweite von neunhundert Millimetern.

65. Noch zu der Zeit, als die Bieberer Erzförderung in hoher Blüte stand, konnte mit der Grubenbahn ab 1895 auch die Personenbeförderung nach Gelnhausen bewerkstelligt werden. Für viele Bewohner des weiten Biebertals ergab sich alsbald ein besseres schulisches und berufliches Weiterkommen. Von 1925 an lohnte der Bergbau nicht mehr. Das Bieberer Bähnchen kam an die Eisenbahngesellschaften des Kreises Gelnhausen und diente als 'Spessartbahn' im Personenverkehr und Gütertransport bis 1951. Das Bild entstand im Ortsteil Höchst vor der St. Josefskirche, die von 1893 bis 1964 bestand.

66. Seit dem Frühsommer des Jahres 1865 war in Gelnhausen der Ruf nach einem förderlichen Kurbetrieb nicht mehr verstummt. Über die plötzliche Entdeckung eines Mineralwasser, beim Eisenbahnbrückenbau für die Staatsbahnverbindung Bebra-Hanau, berichtete der Brunnenmeister Franz Uhl aus Bad Orb am 8. März 1866 in seinem Rapport. Die Gründung eines Pfeilers gebot, die Quelle zu verstopfen. Am 25. April 1902 konnte die 'Gesellschaft zur Erbohrung heilkräftiger Quellen in der Gemarkung von Gelnhausen' mit dem ersten gefaßten Sprudel an die Öffentlichkeit treten.

Bad Gelnhausen
Badehaus und Liegehalle

67. Der Deutsche Krieg von 1866 brachte in unserem Raum einige Gebietsveränderungen. Während das kurhessische Bergamt Bieber auf Staatskosten eine Bohrung vornahm, für die der Bürgermeister der Stadt Gelnhausen am 14. September 1865 die Fassung als Mineralquelle beantragte, ließ die preußische Provinzialregierung die Entwicklung Gelnhausens zu einem Badeort ruhen. Hierbei soll die Abtretung der benachbarten Badestadt Orb durch Bayern an Preußen eine Rolle gespielt haben. Nach vierunddreißig Jahren regte sich Bürgersinn: tatkräftige Gelnhäuser zeichneten Anteile, so daß Badehaus und Liegehalle im Jahre 1902 den Kurbetrieb aufnehmen konnten.

68. Verschiedenen Archivalien ist zu entnehmen, daß um 1900 die Meinungsbildung für einen allgemeinen Nutzen der Gelnhäuser Heilquellen abgeschlossen war. Auf Anregung von Konsul Ludwig Wilhelm Schöffer ließen die Herren Kaufmann Philipp Stock und Baurat Johannes Metzler, rund einhundertfünfundzwanzig Meter nördlich des kurhessischen Bohrpunktes von 1866, eine Bohrung ansetzen. Die Brunnenbaufirma Pettenpohl-Wächtersbach brachte die sogenannte Bohrung 1 nieder. Das Mineralwasser wurde von 19 bis 26,5 Meter Teufe gefaßt. Eine Pumpe hob den Johann-Philipp-Sprudel und führte ihn der Badeanstalt zu.

69. Der Bohrung 2 im Westteil der Stadt war kein Erfolg beschieden. Nummer 3, etwa einhundert Meter von Bohrung 1 entfernt, bescherte Gelnhausen im Jahre 1900 den Kloster-Sprudel. Lokalhistorische Beziehung des Standortes Klosterwiese war das erloschene Kloster Himmelau einer Nonnengemeinschaft des Klarissenordens. Im Jahre 1902 folgten Bohrung 4, Gela-Sprudel genannt, zehn Meter westlich von 1 und Versuch 5, der die Barbarossa-Quelle im Süden der Eisenbahnlinie am Fuße des Nippel-Berges brachte. Gela-Sprudel und Barbarossa-Quelle blieben die dauerhaften Wasserspender des Kurortes Gelnhausen. Bis zum Ersten Weltkrieg gelang eine ständige Aufwärtsentwicklung, die alljährlich zum Saisonbeginn in vielfältigen Druckerzeugnissen ihren Niederschlag fand.

### Solsprudelbad Gelnhausen
4%ige kohlensäurereiche Sole.

Ew. Hochwohlgeboren die ergebene Mitteilung, daß am 10. Mai das Solsprudelbad auf der Klosterwiese wieder eröffnet wird. Wir bitten auch in kommender Saison um geneigtes Wohlwollen und sagen für freundliche Unterstützung im Voraus besten Dank.

Mit vorzüglicher Hochachtung

**Die Badeverwaltung.**

Stock.   Voit.

Gelnhausen, 22. April 1914.

70. Obgleich den Bohrungen in der Gemarkung Gelnhausens und damit der Badegesellschaft Erfolge beschieden waren, zeigte sich doch bald, daß das Mineralquellengebiet im Bereich der Klosterwiese, 1,25 Kilometer ostsüdöstlich des Stadtkerns gelegen, keine nachhaltige Entwicklung zuließ. Der Wiesenplan blieb eingeengt zwischen Anteilen der Neuen Straße und der Staatsbahnlinie. Das alljährliche Hochwasser des Kinzigflusses wirkte störend. Der heutige Stadtteil Nippel, direkt über dem Quellengebiet, war noch nicht erschlossen. Die Auflassung des vier Hektar großen Schöfferparks brachte eine fruchtbare Verbindung zum Solbad.

71. Zwei Jahrzehnte nach dem Tode des Großkaufmannes Ludwig Wilhelm Schöffer († am 17. September 1904) kam sein Gelnhäuser Wohnsitz in die Obhut der Stadt Gelnhausen. Hier hatte sich aus der sogenannten Badegesellschaft im Jahre 1911 die offene Handelsgesellschaft 'Bad Gelnhausen Syndikat' entwickelt. Das Syndikat diente der Vorbereitung einer 'Bad-Gelnhausen-Aktiengesellschaft'. Die Stadtverwaltung förderte das Badewesen und brachte den Schöffer'schen Park in die Aktiengesellschaft ein. Die 'Villa Witu' wurde zum großartigen Kurhaus gestaltet.

72. Im Jahre 1868 hatte Ludwig Wilhelm Schöffer sein Wohngrundstück 'In der Witu' (althochdeutsch = Waldholzung) vollends aufgekauft. Gemeinsam mit seinem Gärtner Franz Hohm senior legte er hier einen Garten an, der bis nach Nordamerika und Australien bekannt wurde, weil die Anlage die erste war, die einen englischen Park mit einem Pflanzgarten vereinigte. Der Teich im Park war ein besonderes Kunstwerk, vom Mühlbach gespeist. Ehe daß Bad Gelnhausen den Park 1925/26 umgestaltete, hatte Carl Almeroth, ein Schwiegersohn Schöffers, hier eine Zucht von Flußkrebsen betrieben.

73. Im Kurpark zu Gelnhausen wuchsen schon zur Blütezeit der Schöffer'schen Anlagen Edeltannen, Blutbuchen, Trauerweiden und andere, zum Teil seltene Bäume. Unterhalb des Springbrunnens stand ein Gingko biloba. Zwischen dem Springbrunnen und der 'Villa Witu' ließ die Badeverwaltung weiträumige Sitzterrassen anlegen. Der prächtige Park zog alljährlich Tausende von Gästen in seinen Bann. Der Bau des Kreiskrankenhauses Gelnhausen und die Erweiterung zur Hessenklinik haben Park und Gebäude des alten Stils der Gründerzeit verdrängt.

74. Mit der Entwicklung des Kurbetriebs in Gelnhausen hielten Versuche, dem gesellschaftlichen Leben Auftrieb zu geben, Schritt. Eine Theatergesellschaft und ein symphonisches Orchester wurden ins Leben gerufen. Hinzu kam der Tennissport, der auf mehreren Plätzen Kurzweil beim Spielen und Zusehen brachte. Alles Kurgeschehen gehört aber lange schon der Vergangenheit an. In der Zeit des Dritten Reiches entstand im Kurpark ein modernes Krankenhaus.

75. Eine Erinnerung an den Freibadbetrieb in den sogenannten goldenen zwanziger Jahren ist die Ansicht vom zweiten Schwimmbad an der Kinzig. Der Badebetrieb war bei der eisernen Brücke nicht mehr möglich, nachdem die Begradigung des Flusses zu einem schnelleren Abfließen des Wassers führte und Badetiefen nur noch hinter einem Stau erreicht wurden. Dies traf hinter dem Wehr der alten Illig'schen Mühle zu.

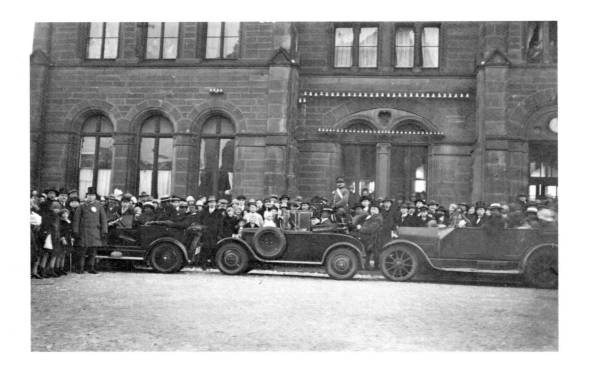

76. Zu den vereinsmäßigen Großveranstaltungen, die den Reigen der feierlichen Tage des Gelnhäuser Kalenderjahres eröffneten, trat ganz allmählich die Fastnacht. Sie folgte den Spuren der neckischen, lauten, volkreichen Lese. Die sogenannten Krebbelzeitungen bestätigen den Wandel: der Wein verrann; die Krebbel munden noch heute! Die frühen Faschingszüge kannten das bunte Treiben unserer Tage noch nicht. Eine Blume im Knopfloch, ein Strohhut – vielleicht... Auf der Straße repräsentierte um 1925 bereits das Automobil an den tollen Tagen, unberührt von all zu großen Promillesorgen der Fahrzeugführer. Auf dem Bahnhofsvorplatz gelang das Stimmungsbild.